Energía para el presente

Energía del agua

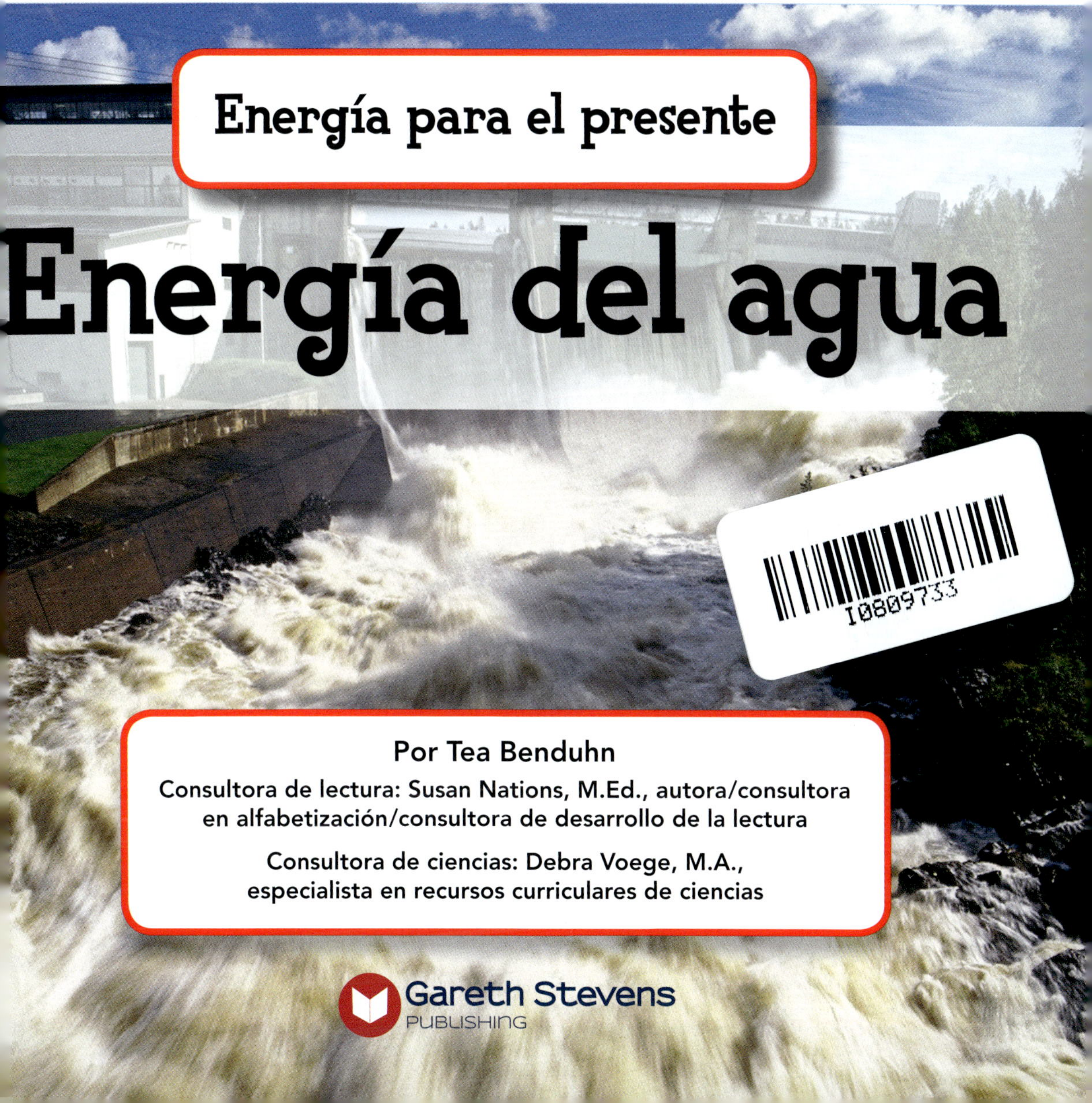

Por Tea Benduhn

Consultora de lectura: Susan Nations, M.Ed., autora/consultora en alfabetización/consultora de desarrollo de la lectura

Consultora de ciencias: Debra Voege, M.A., especialista en recursos curriculares de ciencias

Gareth Stevens PUBLISHING

Please visit our website, www.garethstevens.com.
For a free color catalog of all our high-quality books,
call toll free 1-800-542-2595 or fax 1-877-542-2596.

Library of Congress Cataloging-in-Publication Data

Benduhn, Tea.
[Water power. Spanish]
Energía del agua / por Tea Benduhn.
p. cm. — (Energía para el presente)
Includes bibliographical references and index.
ISBN-10: 0-8368-9270-4 — ISBN-13: 978-0-8368-9270-3 (lib. bdg.)
ISBN-10: 0-8368-9369-7 — ISBN-13: 978-0-8368-9369-4 (softcover)
1. Water-power—Juvenile literature. I. Title.
TC147.B4618 2009
621.31'2134—dc22 2008019038

This edition first published in 2009 by
Gareth Stevens Publishing
111 East 14th Street, Suite 349
New York, NY 10003

Senior Managing Editor: Lisa M. Herrington
Senior Editor: Brian Fitzgerald
Creative Director: Lisa Donovan
Designer: Ken Crossland
Photo Researcher: Diane Laska-Swanke

Spanish Edition produced by A+ Media, Inc.
Editorial Director: Julio Abreu
Translators: Adriana Rosado-Bonewitz, Luis Albores
Associate Editors: Janina Morgan, Rosario Ortiz,
Bernardo Rivera, Carolyn Schildgen
Production Designer: Faith Weeks

Image credits: Cover and title page: © age fotostock/SuperStock; p. 5: © Ace Stock Limited/Alamy; p. 6: © Blend Images/Alamy; p. 7: © Joseph Calev/Shutterstock; p. 9: © Peter Bowater/Alamy; p. 10: © Jan Martin Will/Shutterstock; p. 11 (left): © Stefan Glebowski/Shutterstock; p. 11 (center): © Kameel4u/Shutterstock; p. 11 (right): © Can Balcioglu/Shutterstock; p. 12: © Martin Ruegner/Getty Images; pp. 13, 17: Rob Schuster; p. 15: © Mike Dobel/Alamy; p. 16: Bureau of Reclamation; p. 19: © SueC/Shutterstock; p. 20: © Photofusion Picture Library/Alamy; p. 21: © Picture Partners/Alamy.

Printed in the United States

1 2 3 4 5 6 7 8 9 10 09 08

CPSIA Compliance Information: Batch # CR116250GS: For Further Information Contact Gareth Stevens, New York, New York at 1-800-542-2595.

Contenido

Las palabras definidas en el glosario están impresas en **negritas** la primera vez que aparecen en el texto.

Capítulo 1

¿Qué es la energía del agua?

¿Alguna vez has visto a un surfista sobre una ola? La ola empuja la tabla hacia adelante. El agua también puede empujar un bote por un río. Tanto la tabla como el bote se mueven por la energía del agua. Esta energía usa el agua en movimiento para mover un objeto. También se le conoce como energía hidráulica. La palabra griega *hidro* significa "agua".

Si abres la manguera, el agua fluye hasta salir. El agua limpia la acera. Al abrir más la boquilla, el agua fluye con más fuerza. ¿Qué pasa si cubres parte del extremo de la manguera? El flujo de agua es todavía más fuerte. Tiene mucha energía. Mientras más fuerte fluya, será mayor su energía.

La energía del agua empuja la tabla sobre la ola.

La energía del agua es una fuente de **energía**. La energía es la capacidad de hacer un trabajo. Lo que se mueva tiene energía. ¡Tú la tienes! La **energía cinética** es energía en movimiento. La **energía potencial** está almacenada. Cambia de una a otra forma. Cuando duermes tienes energía potencial. Cuando despiertas y te preparas para ir a la escuela, cambia a cinética.

Estos niños usan energía. ¿Ves la energía cinética?

Seattle, Washington, obtiene mucha de su electricidad de la energía del agua.

El agua también puede tener energía almacenada y en movimiento. Cuando está quieta, tiene energía potencial. La energía potencial del agua cambia a cinética cuando fluye. La energía del agua que fluye puede usarse para hacer electricidad. Usamos electricidad en las luces, computadoras y televisores.

Capítulo 2

Fuentes de energía

Obtenemos la mayoría de la energía del petróleo, el gas y el carbón. Son **combustibles fósiles**. Se forman de restos de plantas y animales de hace millones de años. Usamos los combustibles para la calefacción, impulsar autos y la electricidad. Son **recursos no renovables**. No pueden reemplazarse. Al quemarse un combustible fósil, se ha ido para siempre.

Casi todas las plantas eléctricas de Estados Unidos queman carbón para producir electricidad.

Necesitamos combustibles fósiles pero su uso puede ser dañino. **Contaminan**. El aire contaminado está sucio y es difícil respirarlo. Personas y animales pueden enfermarse si beben agua contaminada. Los combustibles fósiles liberan gases que calientan la Tierra lentamente. Los científicos llaman esta elevación de la temperatura **calentamiento global**.

El calentamiento global puede ocasionar que el hielo se derrita en el Polo Norte y el Sur. Los osos polares y otros animales pierden sus hogares. El agua derretida podría causar inundaciones en áreas costeras.

El oso polar necesita hielo para sobrevivir.

Sólida

Líquida

Gaseosa

El agua puede cambiar de hielo a líquido y a vapor y hacerlo de nuevo.

El agua es una gran fuente de energía porque no se agota. Es un **recurso renovable**, una fuente de energía que es fácil de reemplazar. La cantidad de agua en el mundo siempre es la misma. Solo cambia de forma. El hielo, la aguanieve y la nieve son agua sólida. Al derretirse se convierten en agua líquida. Cuando hierve, se seca y se convierte en un gas, llamado vapor de agua.

Los cambios del agua se dan al moverse del aire a la tierra y de nuevo, de la tierra al aire. Este cambio continuo se llama **ciclo del agua**. Lo has visto funcionar. El agua que cae como lluvia o nieve, se llama **precipitación**. Puede caer en lagos u océanos. Puede fluir en los ríos o absorberla la tierra.

Vemos el ciclo del agua en acción durante una lluvia.

El ciclo del agua

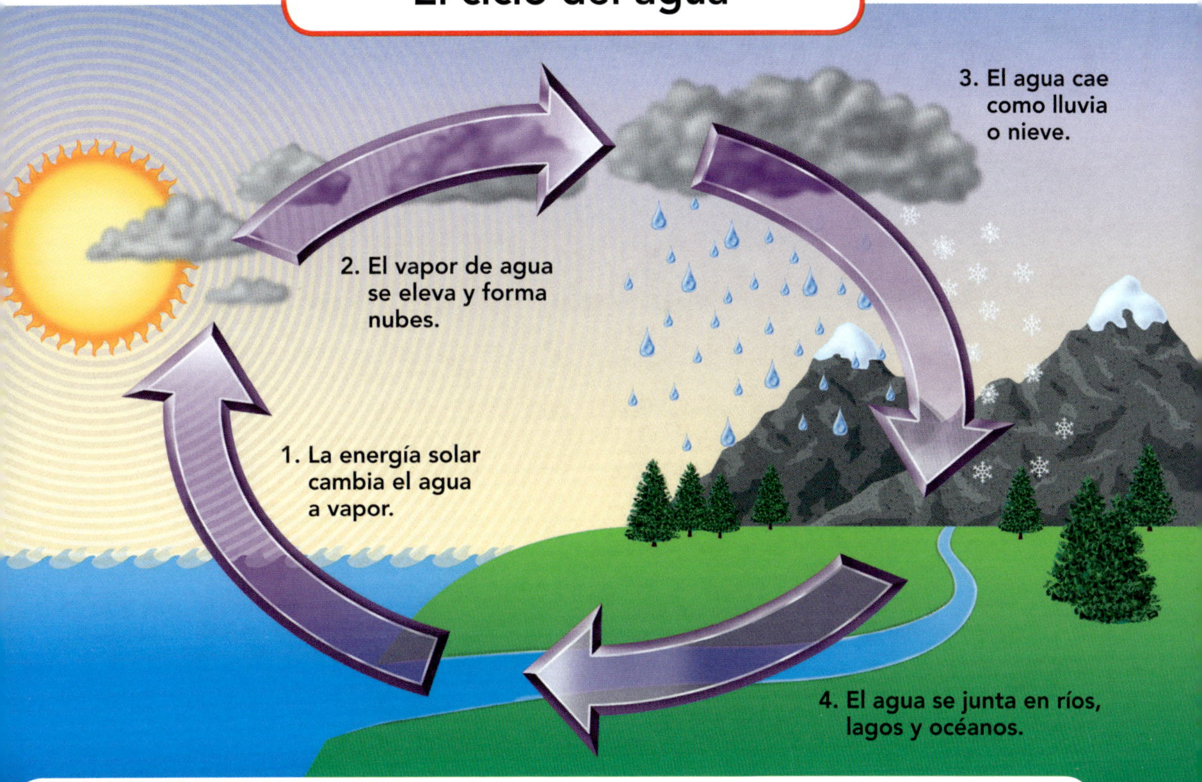

El Sol calienta toda el agua en la superficie de la Tierra. Parte del agua se **evapora**, o cambia a vapor. Éste se eleva por el aire. Arriba el aire está frío. El vapor de agua se **condensa**, o cambia a líquido. Las gotas de agua forman nubes. Al hacerse pesadas, el agua cae como lluvia o nieve. El ciclo del agua sigue.

Capítulo 3

Cómo funciona la energía del agua

La energía del agua se ha usado por miles de años. En el pasado, se construyeron ruedas de paletas. Éstas tienen paletas en su borde. La rueda gira al fluir el agua por las paletas. La rueda de paletas transmite energía a las máquinas.

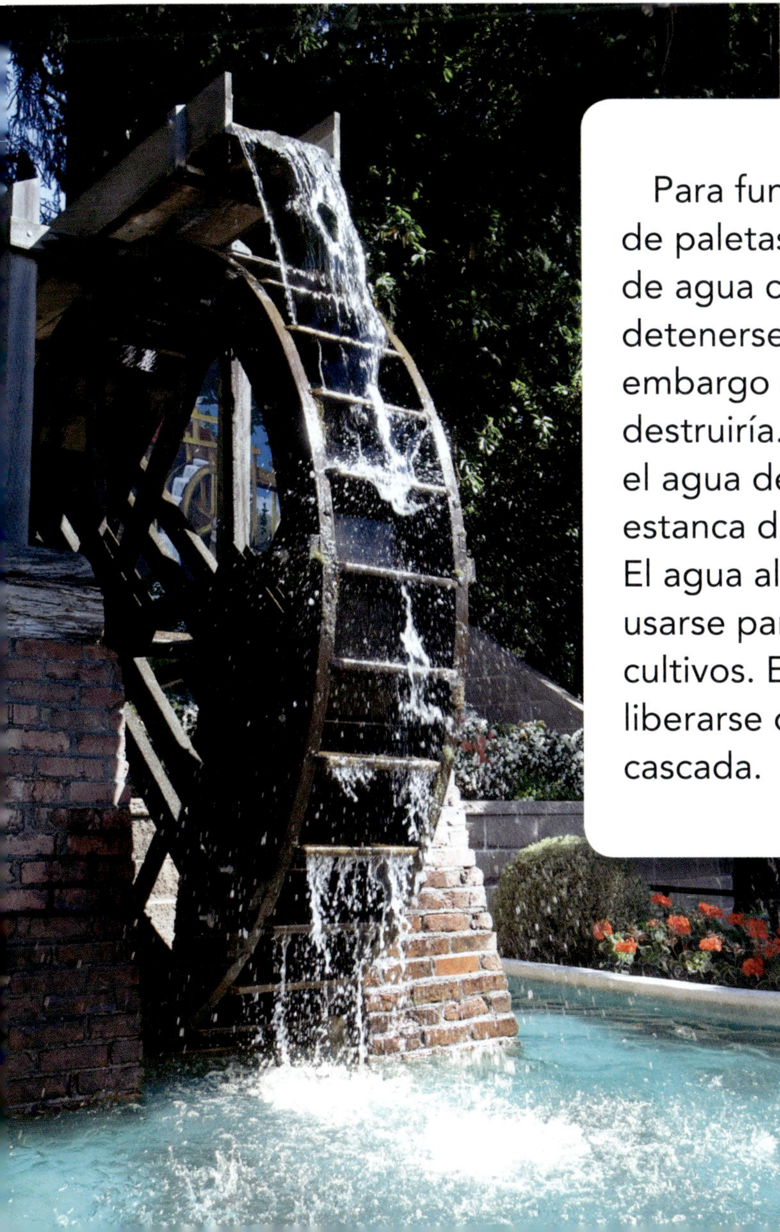

Para funcionar, una rueda de paletas necesita un flujo de agua constante. Puede detenerse si no llueve. Sin embargo un flujo fuerte la destruiría. Una presa detiene el agua de un río. El agua se estanca detrás de la presa. El agua almacenada puede usarse para beber o regar cultivos. El agua puede liberarse de la presa como cascada.

La fuerza del agua mantiene girando la rueda.

La presa Hoover, famosa por todo el mundo, crea electricidad para California, Nevada y Arizona.

El agua que corre tiene mucha energía. El agua tras una presa tiene mucha energía potencial. Cuando se libera, su energía puede usarse para hacer electricidad. Una planta hidroeléctrica es una presa que usa la energía para crear electricidad. La energía del agua es una de las formas más limpias de crear energía. Una planta hidroeléctrica no contamina.

Una planta hidroelétrica tiene una compuerta tras la presa. La compuerta controla el flujo de agua hacia el túnel de la presa. El agua liberada por el túnel fluye hacia una **turbina**. La turbina es como un ventilador enorme que gira con el agua en movimiento. Está unida a un **generador**. El generador convierte la energía del agua en electricidad.

Cómo funciona una planta hidroeléctrica

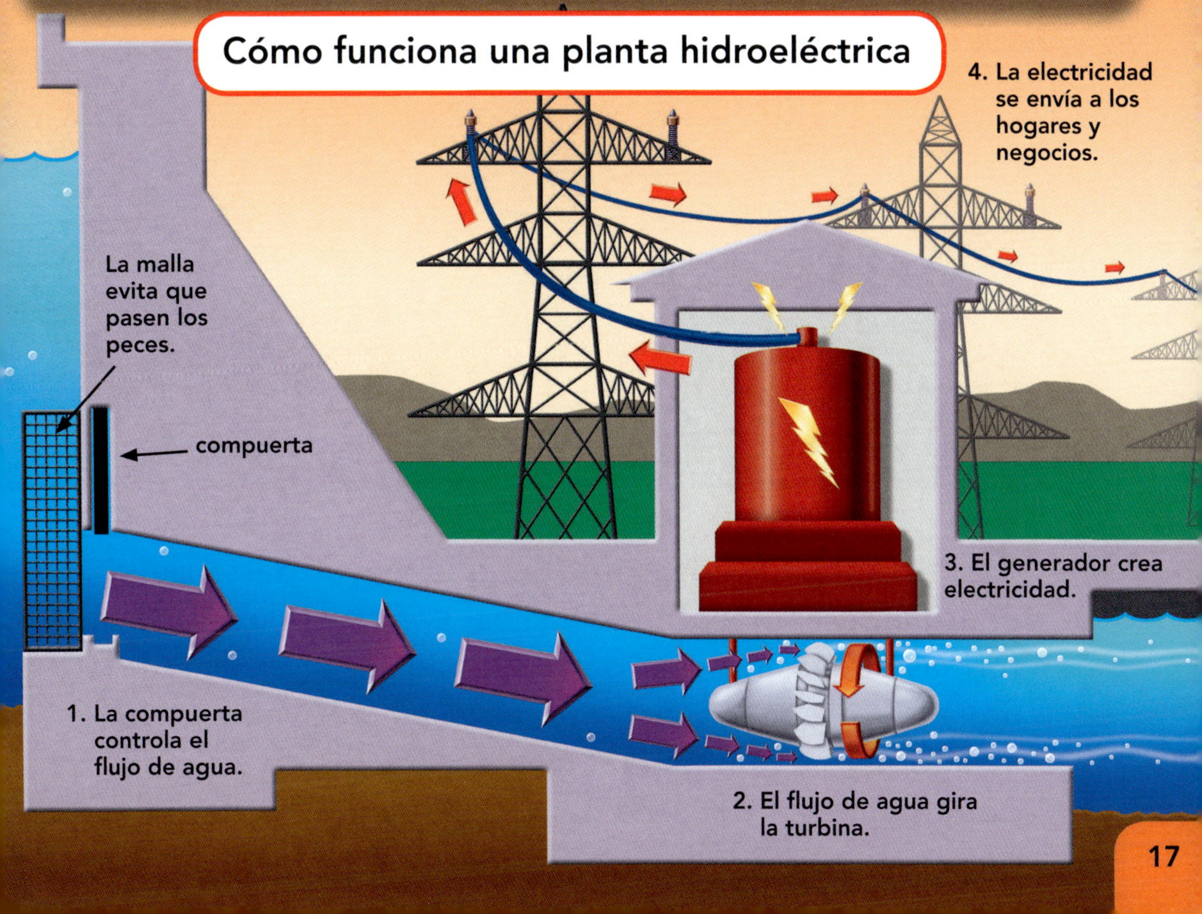

Capítulo 4

Energía del agua en el futuro

En Estados Unidos, se obtiene la mayor parte de la energía de combustibles fósiles. Los científicos buscan formas nuevas de usar otras fuentes de energía. La del agua es uno de los mejores recursos renovables. No se agota y no contamina. Hoy en día, Estados Unidos obtiene menos del 10% de su energía del poder del agua.

Las presas impiden el paso a los peces. Muchas tienen niveles especiales que dejan a los peces nadar contra corriente.

La energía del agua no es perfecta. La construcción de una presa puede inundar la sección de tierra que la detiene. Personas y animales pueden perder sus hogares. Cuando una presa detiene el agua, fluye menos agua al otro lado. Los cambios en el flujo del agua pueden dañar a personas y vida silvestre. Podrían no tener suficiente agua. Tenemos que decidir con cuidado dónde construir plantas hidroeléctricas.

Los científicos buscan formas nuevas de convertir el agua en energía. Piensan en los océanos, por ejemplo. Serían una gran fuente de energía porque contienen muchísima agua. Cubren más del 70% de la Tierra. Las olas son fuertes. Los científicos trabajan en las formas de usar la energía de las olas para producir electricidad.

Esta central hidroeléctrica se encuentra en Francia. Se trata de la primera central eléctrica en el mundo capaz de producir electricidad usando las olas del mar.

Deberíamos usar menos agua. Puedes comenzar cerrando la llave al cepillarte los dientes.

En el futuro necesitaremos usar muchas formas de energía. La energía del agua es una forma importante de energía. La energía del Sol, del viento y los combustibles hechos de plantas serán importantes. También deberíamos usar menos energía. Deberíamos **conservar** o ahorrar agua. Por ejemplo, recuerda cerrar la llave cuando cepilles los dientes. ¿De qué otras formas puedes proteger el agua?

Glosario

calentamiento global: elevación lenta de la temperatura de la Tierra

ciclo del agua: movimiento continuo del agua, de la tierra al aire y de regreso

combustibles fósiles: fuentes de energía como petróleo, gas y carbón formadas de los restos de plantas o animales que vivieron hace millones de años

condensar: cambiar de vapor de agua a agua líquida

conservar: ahorrar

contaminación: materiales dañinos en el ambiente

energía: la habilidad de hacer un trabajo

energía cinética: energía en movimiento

energía potencial: energía que se almacena

evaporar: cambiar de agua líquida a vapor de agua

generador: máquina que hace electricidad u otra energía

precipitación: lluvia, nieve, aguanieve o granizo

recurso no renovable: que no se puede usar de nuevo. Al usarse, se va para siempre. Los combustibles fósiles son recursos no renovables.

recurso renovable: que puede usarse de nuevo. Los recursos renovables pueden ser aire, agua, luz solar, viento, plantas y animales.

turbina: máquina que gira para crear electricidad

Para más información

Libros

Hoover Dam. All Aboard America (series). Julie Murray (Buddy Books, 2005)

How Water Changes. States of Matter (series). Jim Mezzanotte (Weekly Reader Books, 2007)

Water Power. Focus, Energy (series). Meredith Costain (Tandem Library, 2001)

Sitios Web

EIA Energy Kid's Page

www.eia.doe.gov/kids/energyfacts/sources/renewable/water.html

Descubra más sobre la energía y aprenda cuáles estados la usan más.

USGS Water Science for Schools

ga.water.usgs.gov/edu/hyhowworks.html

Mira un clip animado que muestra cómo una planta hidroeléctrica hace electricidad.

Nota del editor para educadores y padres: Nuestros editores han revisado meticulosamente estos sitios Web para asegurarse de que sean apropiados para niños. Sin embargo, muchos sitios Web cambian con frecuencia, y no podemos asegurar que el contenido futuro de los sitios seguirán satisfaciendo nuestros estándares altos de calidad y valor educativo. Se le advierte que se debe supervisar estrechamente a los niños siempre que tengan acceso a Internet.

Índice

Acerca de la autora

Tea Benduhn escribe libros y edita una revista. Vive en el hermoso estado de Wisconsin con su esposo y dos gatos. Las paredes de su casa están cubiertas de repisas llenas de libros. Tea dice: "Leo todos los días. ¡Es más divertido que ver televisión!".